Detectives de viaje

Japón

América del Norte

Europa

Asia

África

América del Sur

Australasia

JAPÓN

Jen Green

Raintree

Chicago, Illinois

Translation into Spanish produced by DoubleO
Publishing Services

Printed and bound in China by South China Printing
Company limited

12 11 10 09 08
10 9 8 7 6 5 4 3 2 1

Library of Congress Cataloging-in-Publication Data

Green, Jen.
  [Japan. Spanish]
  Japón / Jen Green.
    p. cm. -- (Detectives de viaje)
  ISBN 978-1-4109-3200-6 (hb) --
  ISBN 978-1-4109-3206-8 (pb)
  1. Japan--Juvenile literature. I. Title.
  DS806.G617 2007
  952--dc22
                        2007047921

Acknowledgments
Alamy Images pp. 14–15 (A M Corporation), 16–17 (David
Pearson), 39 (Hideo Kurihara); Corbis pp. 33 (B.S.P.I.), pp.
10–11, 11r (Bettmann), pp. 5t, 18–19 (Charles & Josette
Lenars), 32 (David Samuel Robbins), pp. 21l, 41t (Free
Agents Limited), pp. 5m, 26 (Kim Kyung-Hoon/Reuters),
30–31 (Kimimasa Mayama/Reuters), 34–35 (Michael Boys), 9
(Michael Maslan Historic Photographs), pp. 6, 14, 26–27,
36–37 (Michael S.Yamashita), 12–13 (Peter Guttman), pp.
13, 41b (Reuters), 28 (Richard T. Nowitz), 38 (Robert Essel
NYC), 31t (Roger Ressmeyer), pp. 5b, 43b (Steve Kaufman),
8–9 (Werner Forman); Exile Images pp. 24–25 (J.Holmes);
Getty Images p. 23 (Photodisc); Harcourt Education Ltd pp.
4r, 4l, 7, 17t, 20, 21r, 24t, 25t, 34, 36 (Debbie Rowe); JNTO
pp. 18, 28–29, 42; Robert Harding Picture Library pp. 5
(Chris Rennie), 22 (P Koch); Travel-Ink p. 43t (Andy Lovell).

Cover photograph of colorful Japanese lanterns reproduced
with permission of Corbis/ Michael S. Yamashita.

Illustrations by Kamae Design.

Every effort has been made to contact copyright holders of
any material reproduced in this book. Any omissions will be
rectified in subsequent printings if notice is given to the
publishers.

The paper used to print this book comes from
sustainable resources.

Disclaimer
All the Internet addresses (URLs) given in this book were
valid at the time of going to press. However, due to the
dynamic nature of the Internet, some addresses may have
changed, or sites may have changed or ceased to exist since
publication. While the author and publishers regret any
inconvenience this may cause readers, no responsibility
for any such changes can be accepted by either the author
or the publishers.

Contenido

En el glosario encontrarás las definiciones de las palabras que aparecen en el texto en negrita, **como éstas.** También puedes buscar el significado de algunas palabras en el Banco de palabras al final de cada página.

¿En qué parte del mundo?

Al despertar, te encuentras acostado en un colchón que se encuentra en el piso. Nunca antes has estado en una habitación como ésta. El piso está cubierto con esterillas. Hay muy pocos muebles.

Desde la ventana se ve un pequeño jardín. Tiene un solo árbol y grava cuidadosamente rastrillada. Más allá del jardín, hay un parque con cerezos y un edificio alto. El edificio tiene un techo arqueado en cada nivel. Es una **pagoda.**

Belleza peligrosa

El magnífico monte Fuji (debajo) es el lugar turístico más famoso de Japón. Además, Fuji es la montaña más alta de Japón. Es un volcán que ha estado inactivo durante 300 años.

Las pagodas son templos con forma de torre. Tienen capas de elegantes techos arqueados.

Bienvenido a Japón

Lo que creías que era una pared resulta ser una pantalla. Se desliza a un lado. Detrás de ella se encuentra una niña de cabello oscuro de aproximadamente tu misma edad. "*Yokoso*: bienvenido a Japón", dice.

Estás alojándote en un *minshuku*. Es una casa de familia que recibe huéspedes que pagan. Estás en la ciudad japonesa de Kioto.

> Los hogares japoneses son pequeños y con muebles simples. Las personas se sientan en cojines alrededor de mesas bajas.

Luego descubrirás...
...qué es **kabuki**.

...cuánto pesa un luchador promedio de **sumo**.

...dónde viven estos monos.

5

Una nación de islas

Japón en pocas palabras

POBLACIÓN:
127.4 millones

SUPERFICIE:
145,883 millas cuadradas (377,835 kilómetros cuadrados)

CAPITAL:
Tokio

IDIOMA OFICIAL:
Japonés

Durante el desayuno, la familia de la casa donde te alojas te cuenta acerca de Japón. Miran juntos un mapa y te muestran algunas fotos.

Cuatro islas principales

Japón es parte de Asia. Se encuentra al noroeste del océano Pacífico. Japón está formado por cuatro islas principales y muchas islas pequeñas. Las islas principales son Hokkaido, Honshu, Shikoku y Kyushu.

Kioto se encuentra en Honshu. Honshu es la isla japonesa más grande. Generalmente, se le denomina el continente.

Estos obreros arman las piezas de un inodoro de alta tecnología. Trabajan en una de las modernas fábricas de Kyushu.

BANCO DE PALABRAS industria actividad comercial en la que se brinda un servicio en particular

CHINA

RUSIA

Sapporo

Isla de Hokkaido

Hokkaido es la isla de Japón que se encuentra más al norte.
Es la segunda isla más grande pero no tiene muchos habitantes.

COREA DEL NORTE

Isla de Honshu

Tohoku

MAR DE JAPÓN

Chubu

COREA DEL SUR

Kanazawa

Takayama

Kanto

TOKIO

Monte Fuji

Yokohama

Chugoku

Himeji

Nagoya

Fuji

Okayama

Kyoto

Hiroshima

Kobe

Osaka

Fukuoka

Wakayama

Matsuyama

Kinki

Nagasaki

Beppu

Isla de Shikoku

OCÉANO PACÍFICO

Isla de Kyushu

Okinawa

Naha

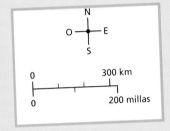

N
O · E
S

0 — 300 km

0 — 200 millas

Japón tiene cuatro islas principales. Pero también hay miles de islas pequeñas. Entre ellas, las cadenas Ryukyu y Bonin. Estos dos grupos de islas están formados por aproximadamente 100 islas.

Las islas Shikoku y Kyushu se encuentran al suroeste de Honshu. Shikoku es tranquila y la menos poblada de las cuatro islas. Kyushu tiene muchas industrias de computación y electrónica.

Hecho en Japón

Japón tiene una enorme **industria** manufacturera.
En Japón, se fabrican productos electrónicos.
Se venden en todo el mundo.
Los automóviles y las motocicletas japonesas también son muy populares en muchos países.

Tokio es la capital de Japón. Se encuentra en la parte este de Honshu.

Historia

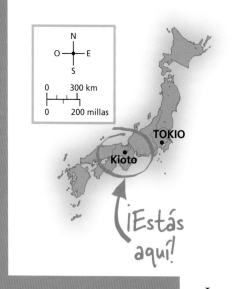

¡Estás aquí!

Kioto es una ciudad antigua llena de sorprendentes edificios. Después del desayuno, revisas un folleto turístico. Te ofrece una breve introducción a la historia de Japón.

Emperadores y shogunes

El primer emperador de Japón unió el país hace 1,600 años. Esto sucedió aproximadamente en el año 400 E.C. Los **shogunes** gobernaron Japón desde la década de 1190 hasta la de 1860. Gobernaron durante más de 670 años. Los shogunes eran poderosos líderes militares. Durante este período, los emperadores no tenían poder real.

Kioto

En el año 794 E.C., un emperador llamado Kammu fundó la ciudad de Kioto. Kioto fue la capital de Japón durante más de 1,000 años. En la década de 1860, Tokio se convirtió en la nueva capital.

El castillo Nijo es uno de los edificios más hermosos de Kioto. Fue construido en 1603 por un famoso shogun llamado Tokugawa Ieyasu.

BANCO DE PALABRAS shogun líder militar japonés. Los shogunes gobernaron durante más de 670 años.

Aislamiento

Durante los últimos 200 años de su dominio, los shogunes interrumpieron todo contacto entre Japón y el resto del mundo. Creían que eso evitaría que otros países los invadieran. Japón se aisló completamente del resto del mundo.

Guerreros samurai

Los shogunes y otros poderosos terratenientes tenían ejércitos de guerreros llamados samurai. Los samurai vivían según reglas estrictas. El honor era muy importante para ellos. El samurai prefería suicidarse a rendirse en batalla.

Esta foto de guerreros samurai fue tomada en la década de 1890. Sostienen largas espadas y usan gruesas armaduras.

rendirse darse por vencido ante el enemigo

Los emperadores de Japón

A los japoneses se les enseñaba que sus emperadores eran dioses. El actual emperador no tiene poder real. Su función es representar a su nación en ceremonias y eventos importantes.

Fin del aislamiento

En 1853, los Estados Unidos enviaron una flota de buques de guerra a Japón. Esto hizo que Japón retomara el contacto con otros países.

El cambio surgió rápidamente. Los poderosos terratenientes japoneses vencieron a los **shogunes**. Luego, convirtieron al emperador, de dieciséis años de edad, Meiji, en el nuevo gobernante. Japón comenzó a modernizarse. Debía alcanzar a Europa y los Estados Unidos.

Alrededor del año 1900, Japón comenzó a construir un **imperio**. Se apoderó de otras tierras de Asia.

➤ Esta antigua ilustración muestra la llegada de la Marina de los Estados Unidos a Japón en 1853.

Los últimos años

La Segunda Guerra Mundial comenzó en Europa, en 1939. En 1941, bombarderos japoneses atacaron a la Marina de los Estados Unidos en Pearl Harbor. Pearl Harbor se encuentra en Hawai. Japón había entrado en guerra.

En 1945, los Estados Unidos lanzaron **bombas atómicas** sobre dos ciudades japonesas: Hiroshima y Nagasaki. La bomba atómica era un arma de destrucción masiva. Muchas personas murieron o resultaron heridas. Japón se **rindió**.

Al finalizar la Segunda Guerra Mundial, el país quedó en ruinas. Pero se recuperó rápidamente. En sólo veinte años, Japón se convirtió en una de las naciones industriales más importantes.

Pilotos kamikaze

Durante la Segunda Guerra Mundial, los pilotos **kamikaze** japoneses estrellaron sus aviones contra los buques de los Estados Unidos. Estos pilotos sabían que morirían en los ataques. Con frecuencia, los aviones estaban llenos de explosivos. Los ataques kamikaze hundieron 34 embarcaciones en total.

El buque de los EE. UU. *Bunker Hill* resultó gravemente dañado durante la Segunda Guerra Mundial. Fue alcanzado por una bomba kamikaze el 21 de junio de 1945.

bomba atómica bomba extremadamente destructiva (su potencia es generada por la liberación de energía nuclear)

Clima y geografía

Desde Kioto, tomas el teleférico hasta las proximidades de monte Hiei. La vista desde arriba es fantástica. Hablas acerca de Japón con otras personas que se encuentran allí.

La tierra

Japón es un país largo y angosto. Se extiende aproximadamente 1,500 millas (2,500 kilómetros) de norte a sur. Nunca estás lejos del mar. La mayor parte del interior de Japón es montañoso. Las poblaciones, fábricas y campos se encuentran en las áreas planas **o llanuras.** Están alrededor de las costas.

Datos del país

RÍO MÁS LARGO:
El Shinano, 228 millas (367 kilómetros) de largo

LLANURA MÁS GRANDE:
La llanura de Kanto, en la parte este de Honshu. Allí se encuentran Yokohama, Tokio y muchas otras poblaciones.

➤ Los teleféricos trasladan a las personas a las montañas de Honshu.

BANCO DE PALABRAS hacer erupción liberar lava y cenizas

Volcanes y terremotos

Los japoneses están acostumbrados a volcanes y terremotos. Japón tiene más de 60 volcanes activos. A veces, **hacen erupción** y arrojan nubes de ceniza y **lava** roja caliente. Con frecuencia se producen terremotos suaves pero las personas casi no los sienten. Los terremotos de mayor intensidad causan gran destrucción.

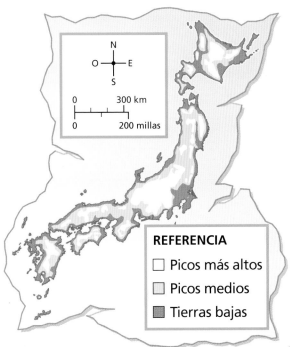

N
O · E
S

| 0 | | 300 km |
| 0 | | 200 millas |

REFERENCIA
☐ Picos más altos
☐ Picos medios
◼ Tierras bajas

Carros aplastados son extraídos de los escombros de una autopista derrumbada. El derrumbe se produjo durante el terremoto de Kobe, en 1995.

lava roca líquida y caliente que sale de los volcanes

Clima

Es primavera. Los días aquí son templados y soleados. Pero, ¿tienes la ropa adecuada para recorrer el resto de Japón?

Las diferentes partes del país tienen distintos climas. Hokkaido se encuentra en el extremo norte. Tiene inviernos largos y nevados y veranos cortos y fríos. El centro de Japón tiene veranos cálidos e inviernos frescos. El clima del extremo sur es mucho más cálido.

El comienzo de la primavera es la temporada de *hanami*. Es la época en la que las personas celebran el florecimiento de los cerezos. Las familias y los amigos hacen picnics debajo de los árboles frutales.

BANCO DE PALABRAS tifón tormenta tropical con movimientos giratorios que trae vientos fuertes y lluvia torrencial

Cambio de estaciones

En Japón las estaciones cambian aproximadamente al mismo tiempo que en los Estados Unidos y Europa. El clima soleado de principios de la primavera es seguido por una temporada de lluvias. El otoño, a veces, trae huracanes llamados **tifones** (consulta el panel de la derecha).

A veces, en todo Japón, soplan vientos llamados **monzones**. En el verano, los monzones traen lluvia a las áreas del sur y del centro. En el invierno, llevan lluvia y nieve al norte y al oeste.

Tifones

Las tormentas tropicales llamadas **tifones** (huracanes) azotan Japón entre julio y noviembre. Estas enormes tormentas con movimientos giratorios nacen en el océano Pacífico. Luego, se mueven rápidamente al interior del país. Los tifones presentan vientos de más de 124 millas (200 kilómetros) por hora. Las abundantes lluvias arrasan con los cultivos y causan inundaciones.

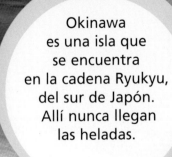

Okinawa es una isla que se encuentra en la cadena Ryukyu, del sur de Japón. Allí nunca llegan las heladas.

monzón viento que lleva abundantes lluvias al sur de Asia

Comida y cultura

Las tres O

En los restaurantes japoneses, seguramente conocerás las tres O. *Oshibori* son pequeñas servilletas de tela húmedas para limpiar tus manos y cara. *O-hashi* son los palillos. Se utilizan en lugar de cuchillos y tenedores. Al finalizar la comida, te servirán un refrescante té verde llamado *o-cha*.

Después de tu viaje a la cima del monte Hiei tienes mucha hambre. Hay mucha gente en el restaurante al que vas. Con frecuencia, los japoneses llevan a sus huéspedes a comer a restaurantes en lugar de cocinar en su casa.

Arroz con todo

El arroz es el alimento más importante en Japón. Se consume en la mayoría de las comidas. Además, los japoneses comen mucho pescado. En los platos como el *sashimi*, el pescado se come crudo. Pero tiene que ser pescado fresco de muy buena calidad.

Estos hombres están sorbiendo fideos *(soba)* en forma ruidosa, en un bar de Tokio.

En el pasado, los japoneses comían muy poca carne y productos lácteos. En la actualidad, consumen más de estos alimentos. Esto se debe a que la dieta japonesa está comenzando a parecerse a la dieta de Europa o los Estados Unidos.

Sorber fideos

Los fideos servidos en una sopa caliente es una comida que satisface. Los modales en la mesa son muy importantes en Japón. Pero hacer un fuerte ruido al comer los fideos se considera correcto.

El sushi es un tipo de comida popular en Japón. Son tortas de arroz cubiertas con pescado crudo o cocido, vegetales o algas marinas.

Ideas para regalos

El arte y las artesanías tradicionales de Japón son regalos increíbles. Incluyen:

- Muñecas *Daruma:* estatuillas de **papel maché**. Se cree que traen buena suerte.
- *Netsuke:* pasadores tallados. Estos sujetadores, similares a los botones, se fabricaban tradicionalmente en marfil.
- Lacados: vasijas y cajas pintadas con savia de árbol. Ésta se endurece y forma un lustre reluciente.

De paseo

Al día siguiente, sales temprano para explorar la ciudad de Kioto. Deseas descubrir lo que ofrecen las ciudades japonesas.

Primero, desayunas en un café. Decides tomar un desayuno tradicional. Arroz hervido, pescado deshidratado, algas marinas, sopa de soya y encurtidos. Al terminar, sales a buscar objetos de recuerdo en Gion. Gion es el principal distrito comercial de Kioto.

Una tradicional vasija lacada japonesa.

papel maché material hecho de tiras de papel mezcladas con pegamento. Se modela mientras está húmedo y se endurece al secarse.

Buen teatro

¿Cómo se divierten los japoneses en la ciudad?
Muchos van a salas de *pachinko* (*pinball*). Otros van
a ver una obra *kabuki.*

Kabuki es una forma tradicional de teatro japonés.
Es una mezcla de **ópera,** danza y música. Todos los
artistas son hombres. La audiencia participa mucho
en la acción. Alienta a los héroes y abuchea
a los villanos.

Dos hombres
actúan en una obra
kabuki. Los temas
de estas obras son
la pasión, los celos
y la venganza.

ópera obra de teatro con música. Los artistas cantan sus parlamentos en
lugar de decirlos.

Religión

Visitas el hermoso templo Kinkakuji de Kioto. Otro visitante te cuenta acerca de las creencias y los festivales japoneses.

El **shinto** es la religión más antigua de Japón. Las personas creen que hay dioses llamados *kami* que viven en los ríos, lagos, montañas y otros lugares naturales.

El **budismo** es otra de las religiones antiguas. Llegó a Japón hace aproximadamente 1,500 años. El budismo enseña que la verdadera felicidad se alcanza a través de la sabiduría y el entendimiento. La mayoría de los japoneses practican ambas religiones, el shinto y el budismo.

Festivales

En Japón hay festivales todos los meses del año. El día de los niños es el 5 de mayo. En ese día los niños remontan barriletes con forma de pez carpa. El día de las niñas es el 3 de marzo. Ese día, las niñas visten a sus muñecas favoritas con pequeños **kimonos** de seda (consulta la página 21).

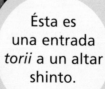

Ésta es una entrada *torii* a un altar shinto.

Kimonos

Los kimonos (debajo) son batas de seda atadas a la cintura con una faja. En la actualidad, pocas personas visten kimonos a diario. Pero los hombres y las mujeres los usan en ocasiones especiales.

Éste es el Kinkakuji de Kioto, o Templo del Pabellón Dorado. Fue construido por un **shogun** en el siglo XIV. Está cubierto con una fina capa de dorado a la hoja.

torii puerta de madera que marca la entrada a un altar shinto

La vida diaria

Espíritu de equipo

El espíritu de equipo es muy importante para las empresas japonesas. Todos se reúnen en la misma cafetería y usan el mismo uniforme.

Durante tu estadía en el *minshuku*, te das cuenta de que el padre de familia siempre trabaja hasta tarde. La familia te cuenta que muchos japoneses trabajan muchas horas. Con frecuencia, trabajan seis días a la semana y se toman sólo una o dos semanas de vacaciones al año.

¿Un trabajo de por vida?

En el pasado, los trabajadores japoneses prestaban sus servicios a la misma empresa hasta **jubilarse**. Pero esto está cambiando. En la actualidad, las personas cambian de trabajo con mayor frecuencia.

Los trabajadores de las fábricas hacen estiramientos y ejercitan juntos antes de comenzar a trabajar por las mañanas.

➤

BANCO DE PALABRAS **jubilarse** dejar de trabajar, generalmente a causa de la edad

La jornada laboral

La lealtad y la cortesía son muy importantes en las empresas japonesas. Al comenzar el día, los trabajadores se saludan con una reverencia. Las personas también hacen una reverencia para mostrar agradecimiento o para disculparse. Los trabajadores hacen ejercicio juntos y cantan el tema de la empresa. Luego, todos se disponen a trabajar.

Después del trabajo

Después de un largo día en la oficina, los trabajadores japoneses generalmente pasan el resto de la tarde juntos. Puede que vayan a un *izakaya*. Un *izakaya* es una mezcla de restaurante y bar. También podrían ir a un bar para disfrutar de una noche de **karaoke**. Aquí, las personas pueden cantar al son de música grabada.

Esta mujer está cantando en un club de karaoke en Tokio.

karaoke forma de entretenimiento en el que se canta acompañado por música grabada

Días escolares

La familia en cuya casa te alojas tiene dos niños de edad escolar. Parece que siempre están haciendo tareas. Les preguntas acerca de la escuela en Japón.

Los niños japoneses deben ir a la escuela entre los seis y los quince años. Aproximadamente el 90% de ellos continúa sus estudios en una escuela secundaria. Después, uno de cada tres asiste a la universidad.

Escritura japonesa

Los niños japoneses deben aprender cuatro sistemas de escritura. El *kanji* es la escritura principal. Tiene miles de símbolos para formar palabras.

Estos caracteres *kanji* conforman las palabras "estrella otoñal".

Estas alumnas japonesas están estudiando inglés.

BANCO DE PALABRAS   arte marcial antigua forma de defensa personal

Trabajo arduo

Los niños asisten a la escuela de lunes a viernes. La jornada comienza a las 8:30 A.M. y termina a las 4:30 P.M.

Después de la escuela, los alumnos pasan una o dos horas haciendo la tarea. Además, tienen exámenes alrededor de seis veces al año. Antes de los exámenes, muchos alumnos toman clases especiales en escuelas privadas llamadas *juku*. ¡Sin lugar a dudas, la época previa a los exámenes es estresante!

Juegos difíciles

Los niños practican deportes como parte de su educación escolar. La mayoría de ellos también aprende alguna forma de **artes marciales** en la escuela. Las artes marciales son antiguas formas de defensa personal. El judo (arriba), el karate y el **kendo** (esgrima) son artes marciales.

kendo arte marcial con esgrima, en la que se utilizan espadas de bambú

Lucha sumo

El sumo es un antiguo deporte japonés. Cada *rikishi* (luchador) intenta sacar a su oponente del cuadrilátero. O intenta lograr que su oponente toque el piso con alguna parte de su cuerpo que no sean los pies.

Tiempo libre

¿Qué hacen los japoneses después de trabajar mucho durante todo el día? Le preguntas a tus anfitriones acerca de los deportes y el tiempo libre en Japón.

Muchos japoneses miran y practican deportes. Los deportes nacionales son la lucha **sumo** (consulta el panel de la izquierda) y el béisbol. El fútbol se hizo muy popular en la década de 1990. Además, muchos japoneses disfrutan jugar al golf. Las artes marciales, como karate, judo y **kendo** se inventaron en Japón.

El *rikishi* promedio pesa más de 326 libras (150 kilogramos). Los luchadores tienen una dieta especial para aumentar de peso.

Tiempo libre y pasatiempos

A muchos japoneses les gusta la jardinería. En las ciudades muy pobladas, las personas cuidan con dedicación sus pequeños patios o maceteros. Los **bonsai** son árboles en miniatura. Pueden crecer en interiores.

Las máquinas *purikura* (fotos adhesivas) son muy populares entre los niños. Estas máquinas toman fotos de los niños y sus amigos en poses divertidas. ¡Luego, transforman las fotos en pequeñas calcomanías que la gente coloca por todas partes!

Los árboles bonsai miden menos de 3 pies (1 metro) de altura. Se recortan sus pequeñas ramas y se sujetan con alambres, cuidadosamente, para lograr hermosas formas.

bonsai arte de cultivar árboles en miniatura, un pasatiempo tradicional en Japón

Viajes y ciudades

Balas veloces

Los **shinkansen**, o "trenes bala" de Japón, alcanzan una velocidad de 170 millas (275 kilómetros) por hora entre ciudades. La línea que va de Kioto a Tokio se extiende entre Kyushu, en el sur, hasta Honshu, al norte.

Has pasado algunos días en Kioto. Ahora deseas ver otros lugares de Japón. Vas a la oficina de turismo para preguntar cuál es la mejor manera de viajar.

Viajar en avión

Japón tiene más de 170 aeropuertos. Hay muy pocas llanuras en Japón. Debido a esto, algunos aeropuertos están construidos en islas artificiales en el mar. El aeropuerto de Osaka es uno de ellos.

Algunos trenes bala tienen dos pisos. Los asientos en el piso superior son más costosos. Hasta tienen sus propios televisores.

BANCO DE PALABRAS *shinkansen* trenes de alta velocidad de Japón, también llamados "trenes bala"

Carreteras y trenes

Japón tiene una moderna red de carreteras. La mayoría de las carreteras se extiende a lo largo de la costa. Algunas carreteras atraviesan túneles bajo las montañas.

Hay diferentes tipos de trenes en Japón. Para viajar en los más rápidos debes pagar más. El Maglev es el más nuevo. No tiene ruedas. En lugar de ellas, cuenta con potentes imanes que permiten que el tren Maglev flote sobre el riel.

El puente Akashi Kaikyo une las islas Honshu y Shikoku. Es el puente colgante más largo del mundo. Los puentes colgantes tienen una carretera que cuelga de cables.

¡Estás aquí!

Tokio: Capital de Japón

El tren bala te traslada suavemente hasta la estación de Tokio. Ahora estás en la capital de Japón. Aquí vive el 10% de la población de Japón.

Capital oriental

Tokio fue el hogar de los **shogunes** que gobernaron Japón durante siglos. La arquitectura actual de Tokio es principalmente moderna. Los edificios más antiguos han sido destruidos. Fueron destruidos por un terremoto o por bombas durante la Segunda Guerra Mundial.

Datos de Tokio

POBLACIÓN:
12.06 millones
(en el año 2000)

SUPERFICIE:
844 millas cuadradas
(2,187 kilómetros
cuadrados)

FECHA DE FUNDACIÓN:
1457, cuando recibió
el nombre de Edo.

Ginza es el distrito comercial más famoso de Tokio. Además, es un área de entretenimiento con muchos restaurantes, cafés y clubes.

shogun líder militar japonés. Los shogunes gobernaron durante más de 670 años.

Excursiones en Tokio

Muchos de los principales lugares de interés de Japón se encuentran a poca distancia de la estación. El Palacio Imperial es el hogar del emperador. Allí se encuentra el Museo Nacional de Arte Moderno y el Museo de Ciencias.

Al norte, encontrarás el parque Ueno. Este extenso parque tiene un zoológico y un lago para pasear en bote. Además, allí se encuentran algunos de los principales museos de Tokio.

▲
Las "habitaciones" de los hoteles cápsula son muy acogedoras. Sólo hay espacio para una cama y un televisor.

Hoteles cápsula

En el centro de Tokio, el espacio es muy restringido. Algunos hoteles tienen habitaciones del tamaño de casilleros grandes. Se llaman "hoteles cápsula". Las habitaciones miden sólo 6 pies (2 metros) de largo, 3 pies (1 metro) de ancho y 3 pies (1 metro) de alto.

Las ciudades de Japón

Has visitado Tokio, pero Japón tiene muchas otras ciudades maravillosas. Está Sapporo, en la isla de Hokkaido. Es un maravilloso lugar para esquiar. Nara es una antigua ciudad en el centro de Honshu. Tiene cientos de templos.

Algunos turistas visitan Hiroshima, al oeste de Honshu. La ciudad fue destruida por una **bomba atómica** en 1945 (consulta la página 11). En el Parque de la Paz de Hiroshima hay una llama encendida. Sólo se apagará cuando se hayan destruido todas las armas nucleares.

Templo de la Isla

El templo de la isla de Miyajima se encuentra en la bahía de Hiroshima. La isla es un sitio **sagrado**. La puerta arqueada, o *torii*, es un de los lugares de interés más famosos de Japón.

La famosa "puerta flotante" de Miyajima se encuentra en la bahía de Hiroshima.

BANCO DE PALABRAS bomba atómica bomba extremadamente destructiva (su potencia es generada por la liberación de energía nuclear)

La antigua y la nueva Osaka

Decides visitar Osaka, al sur de Honshu. Es la tercera ciudad más grande de Japón. Tiene un maravilloso castillo del siglo XVI. En los alrededores, la plaza Panasonic atrae a muchos jóvenes. Aquí se exhiben los juegos para computadora más novedosos. Pruebas uno de los juegos. Luego das un paseo en bote por los canales de la ciudad.

¡Estás aquí!

TOKIO

Osaka

N
O · E
S

0   300 km
0   200 millas

Teatro de títeres

Osaka es el hogar del Teatro Nacional de Bunraku. *Bunraku* es una forma de teatro de títeres. Los titiriteros son muy habilidosos. Hacen que los títeres se muevan de manera realista y graciosa.

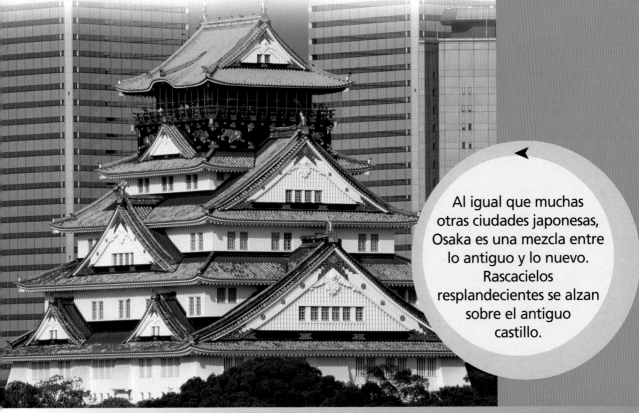

Al igual que muchas otras ciudades japonesas, Osaka es una mezcla entre lo antiguo y lo nuevo. Rascacielos resplandecientes se alzan sobre el antiguo castillo.

torii puerta de madera que marca la entrada a un altar shinto

33

Vida urbana

En Osaka puedes alojarte en otro *minshuku*. Alojarse en una casa de familia parece ser una buena forma de conocer una ciudad.

Centros llenos de gente

Más de tres cuartos de la población de Japón vive en pueblos o ciudades. Al igual que Tokio, las calles de Osaka pueden llenarse de gente y sufrir embotellamientos. La mejor manera de llegar al trabajo es caminar o ir en bicicleta a la estación de tren más cercana. Luego, tomas un tren.

BANCO DE PALABRAS   *minshuku* hogar japonés que recibe huéspedes que pagan

Hogares en la ciudad

Con frecuencia, los hogares en el centro de la ciudad son pequeños. Una familia que tiene dos niños generalmente vive en un apartamento de sólo cuatro habitaciones.

Nadie usa zapatos dentro de la casa. Los zapatos se dejan siempre en el vestíbulo. Dentro de la casa la gente usa pantuflas o calcetines. Hay pantuflas especiales para usar en el baño.

Hora del baño

La hora del baño en Japón consiste en sumergirse en una bañera llena de agua muy caliente. Pero debes enjabonarte o ducharte antes de entrar en la bañera. Esto se debe a que toda la familia se turna para usar la bañera.

Ésta es una habitación japonesa tradicional. La gente frecuentemente duerme en **futones**. Son colchones que pueden enrollarse cuando no se utilizan.

La vida rural

Tamaño familiar

Las familias japonesas solían ser más numerosas de lo que son en la actualidad. Los padres, los hijos y los abuelos vivían juntos. Los abuelos cuidaban de los niños mientras los padres trabajaban. Esto sigue sucediendo en el campo. Pero casi nunca ocurre en las ciudades.

¡Estás aquí!

Es hora de hacer un cambio de la vida de la ciudad. Decides pasar algunos días en el campo. Te diriges a la aldea de Ogimachi, en los Alpes japoneses. Decides alojarte en una posada tradicional llamada *ryokan*.

Esta familia numerosa vive en una zona rural de Japón.

Una aldea en la montaña

En la aldea de Ogimachi, las casas son altas. Los techos están hechos de paja seca o caña. Estos techos son empinados para que la nieve pueda resbalar. Aquí, el aire es limpio y fresco.

Planes para el futuro

Alquilas una bicicleta para explorar el campo. Te encuentras con un grupo de niños de edad escolar. Conversas con ellos acerca de lo que planean hacer al terminar la escuela. Algunos desean escapar a una gran ciudad. Otros desean quedarse en el campo. En la actualidad, muchas personas pueden trabajar desde sus casas, dondequiera que vivan. Esto sucede gracias a la Internet y otras tecnologías nuevas.

Entrar en calor

El clima en las montañas es más frío que en las partes bajas. En invierno, la gente se sienta alrededor de una mesa con un calentador debajo. Calientan sus piernas debajo de una colcha que cubre la mesa.

La gente vive en el primer piso de estas casas altas de la aldea. El piso superior generalmente se utiliza para almacenamiento y artesanías.

Agricultura y pesca

Ogimachi se encuentra en un **valle** angosto. El fondo del valle está lleno de jardines, campos de arroz y parcelas de flores.

La mayor parte de los campos de Japón son pequeños. Gran parte de la actividad agrícola se realiza durante los fines de semana. Los agricultores con frecuencia trabajan en oficinas y fábricas durante la semana. El arroz es el cultivo principal. Se cultiva en **arrozales** especiales. Estos campos se mantienen inundados con agua. Los agricultores también cultivan trigo, cebada, tabaco, vegetales, té y frutas.

Producción de seda

En el centro de Honshu se crían gusanos de seda, en huertos de moras. Los gusanos hilan capullos de seda. Lo hacen justo antes de convertirse de orugas a polillas. Luego, se recogen estos hilos y se tejen para producir seda.

En la tierra de esta ladera se han construido escalones, o terrazas. Esto crea una gran cantidad de pequeños campos planos. Se utilizan para cultivar arroz.

BANCO DE PALABRAS   valle tierra baja entre colinas o montañas

Industria pesquera

El pescado, los mariscos y las algas marinas constituyen una parte importante de la dieta japonesa. Por esto, la pesca es muy importante. Japón posee una de las flotas pesqueras más grandes del mundo.

Los buques pesqueros japoneses buscan peces y mariscos en las aguas locales y en los océanos del mundo. Los agricultores japoneses crían carpas y truchas en tanques. La cría de peces significa que los agricultores crían peces para alimento. Además, las granjas de peces cercanas a la costa crían besugo y atún.

Estos buques pesqueros japoneses se encuentran en un puerto en Kyushu.

arrozal campo utilizado para cultivar arroz que se inunda en ciertas épocas del año

Turismo y viajes

En Ogimachi conversas con otros huéspedes de la posada. Te hablan acerca de lugares para visitar en Japón.

Atracciones de las islas

Hasta ahora, sólo has visto partes de Honshu. Pero cada isla tiene sus propias atracciones. Hokkaido, al norte, tiene grandes áreas de tierra salvaje. En el sur, Shikoku es famosa por sus templos. Kyushu tiene volcanes activos y aguas termales.

Parques nacionales: Algunas atracciones

- Daisetsuzan, Hokkaido: maravilloso terreno para excursiones
- Fuji-Hakone-Izu, Honshu: lagos, playas y volcanes, incluido el monte Fuji
- Mar Interior entre Honshu y Shikoku: costa escarpada, islas cubiertas de pinos

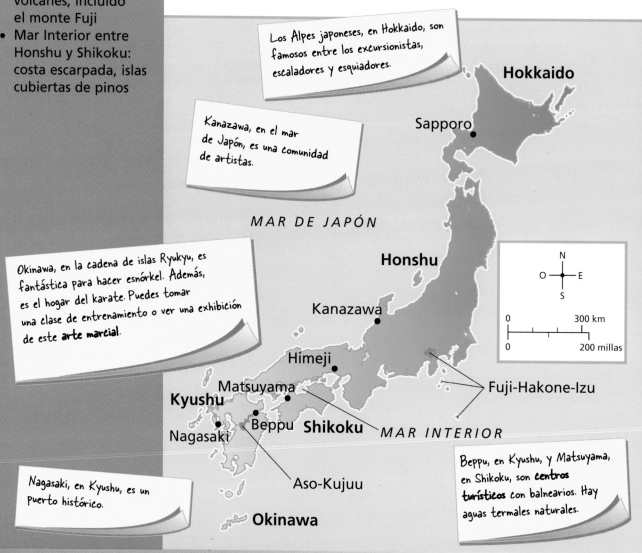

Los Alpes japoneses, en Hokkaido, son famosos entre los excursionistas, escaladores y esquiadores.

Kanazawa, en el mar de Japón, es una comunidad de artistas.

Okinawa, en la cadena de islas Ryukyu, es fantástica para hacer esnórkel. Además, es el hogar del karate. Puedes tomar una clase de entrenamiento o ver una exhibición de este **arte marcial**.

Nagasaki, en Kyushu, es un puerto histórico.

Beppu, en Kyushu, y Matsuyama, en Shikoku, son **centros turísticos** con balnearios. Hay aguas termales naturales.

Hokkaido

Sapporo

MAR DE JAPÓN

Honshu

Kanazawa

Himeji

Matsuyama

Kyushu

Beppu **Shikoku**

Nagasaki

MAR INTERIOR

Aso-Kujuu

Fuji-Hakone-Izu

Okinawa

N · O · E · S

0 — 300 km
0 — 200 millas

BANCO DE PALABRAS **balneario** centro turístico en el que hay vertientes o baños minerales

Maravillas naturales

Los parques nacionales de Japón protegen áreas de belleza natural. Éstas incluyen volcanes, aguas termales, lagos en cráteres, pantanos, costas e islas remotas.

Las cadenas de islas de Ryukyu y Bonin se encuentran en el extremo sur. Su clima es cálido y húmedo. Hay playas arenosas y aguas azules cristalinas. Muchas personas van allí para practicar esnórkel.

El Castillo de la garza blanca, en Himeji, en el oeste de Honshu, es uno de los castillos más hermosos de Japón.

Sapporo, en Hokkaido, es un centro de deportes de invierno. En febrero, el festival de la nieve que se celebra allí ofrece sorprendentes esculturas de hielo y nieve.

¿Quedarse o volver a casa?

Aguas termales

Zambúllete en uno de los famosos *onsen* (aguas termales) de Japón. Generalmente se encuentran cerca de los volcanes. Las cálidas y burbujeantes aguas son buenas para los achaques.

Has visitado Kioto, Tokio y Osaka. Has visto el campo de los alrededores de Ogimachi. Pero aún quedan muchas cosas por hacer. ¿Te quedas o regresas a casa?

Deportes de invierno

Tus amigos de la posada hacen una lista de las actividades que deberías realizar. En los primeros puestos de la lista se encuentran hacer *snowboard* o esquiar. Puedes practicarlos en los Alpes japoneses, en el centro de Honshu o en Hokkaido.

➤ El *snowboarding* en Hokkaido está convirtiéndose en un pasatiempo muy popular.

Vida silvestre y excursiones

La isla de Shodo-shima se encuentra en el mar Interior. Debes visitarla para ver los macacos salvajes, o los macacos japoneses, en acción. Se han establecido parques naturales especiales en todo Japón para proteger a los macacos japoneses.

Muchos japoneses tienen como objetivo escalar el monte Fuji una vez en su vida. La temporada para escalar es en julio y agosto. Puedes caminar todo el camino hasta la cima. O puedes hacer trampa y tomar el autobús a la mitad del camino.

Estos monos están bañándose en aguas termales. Han aprendido que es una buena manera de calentarse cuando el clima es extremadamente frío.

La ceremonia del té

Asistir a una ceremonia del té (arriba) puede ser una experiencia relajante. La ceremonia se lleva a cabo en un pabellón de té que tiene vista a un hermoso jardín. Los visitantes conversan mientras la anfitriona prepara un té verde especial.

Descubre más

Sitios web
Si quieres aprender más acerca de Japón, puedes investigar en la Internet. Trata de utilizar palabras clave como éstas:

• Japón
• Río Shinano
• Tokio

También puedes encontrar tus propias palabras clave utilizando los términos que aparecen en este libro. Prueba utilizar un directorio de búsqueda, como: **yahooligans.com**

¿Existe alguna forma para que un Detective de viajes pueda aprender más acerca de Japón? ¡Sí! Consulta los libros y películas a continuación:

Lectura adicional

Dean, Arlan. *Samurai: Warlords of Japan.* Danbury, Conn.: Children's Press, 2005.

Green, Jen. *Nations of the World: Japan.* Chicago: Raintree, 2001.

Haslam, Andrew. *Make It Work: Japan.* Minnetonka, Minn.: Two-Can Publishing, 2000.

Kalman, Bobbie. *Japan: The People.* New York: Crabtree Publishing, 2002.

Richardson, Hazel. *Life in Ancient Japan.* New York: Crabtree Publishing, 2005.

Películas

Spirited Away (2001)
Esta película animada se trata de una triste niña de diez años que se muda a una nueva casa. Se tropieza con el misterioso mundo de los dioses japoneses.

The Seven Samurai (1953)
Esta clásica película de acción narra la historia de los guerreros japoneses del siglo XVI.

Línea Cronológica

alrededor del año 400 E.C.
La poderosa familia Yamoto une a Japón. Se convierten en emperadores de Japón.

552
El **Budismo** llega a Japón.

794
Kioto se convierte en la capital de Japón.

1192
Yoritomo se convierte en el primer **shogun**. Es el líder del clan Minamoto.

1543
Los navegantes portugueses son los primeros europeos en visitar Japón.

1603
Tokugawa Ieyasu se convierte en shogun. El clan Tokugawa se mantiene en el poder por los siguientes 264 años. Gobiernan Japón desde Edo (actualmente Tokio).

década de 1630
Japón interrumpe todo contacto con el mundo exterior.

1853 a 1854
El Comodoro Matthew Perry, de los Estados Unidos, convence a Japón de retomar el contacto con el mundo exterior.

1868
El gobierno de los shogunes es derrocado. Se restaura el poder de los emperadores japoneses. Comienza el reinado del emperador Meiji. Tokio se convierte en la capital de Japón.

1894 a 1895
Japón gana la guerra contra China por el control sobre Corea.

1905
Japón gana una guerra contra Rusia.

1923
El Gran terremoto de Kanto devasta Tokio, Yokohama y otras ciudades de la Llanura de Kanto.

1937
Japón invade China.

1941
Japón bombardea buques de los Estados Unidos en Pearl Harbor, en Hawai. Al hacerlo, Japón entra a la Segunda Guerra Mundial del lado de Alemania. Los Estados Unidos entran a la guerra del lado opuesto.

1945
Japón **se rinde** después de que los aviones de los Estados Unidos arrojaran **bombas atómicas** sobre las ciudades de Hiroshima y Nagasaki. Los Estados Unidos y otras fuerzas aliadas toman el control de Japón.

1952
Los Estados Unidos y las fuerzas aliadas se retiran de Japón.

década de 1960
Japón vive un *boom* económico.

1995
El terremoto de Kobe causa la muerte de más de 6,300 personas.

1998
Se celebran los Juegos Olímpicos de Invierno en Nagano.

2002
Japón y Corea son anfitriones de las finales del mundial de fútbol.

Japón: Datos y cifras

La bandera japonesa tiene fondo blanco con un círculo rojo en el centro. El blanco representa la honestidad y la pureza. El disco rojo es el símbolo de un sol que significa brillo, honestidad y calidez

Personas y lugares

● Población: 127.4 millones
● El Parque nacional monte Aso, en la pequeña isla de Jumamoto, es una de las áreas más grandes del mundo con actividad volcánica.

¿Qué hay detrás de un nombre?

● El nombre oficial de Japón es Nippon o Nihon. Esto significa "Fuente del Sol".
● La bandera nacional se conoce como Nisshohki o Hinomaru. Esto significa "disco del sol".

Asuntos económicos

● El rendimiento económico de Japón es enorme, sólo lo supera el de los Estados Unidos.
● La moneda de Japón es el yen.

Datos sobre la comida

● El japonés promedio come más de 154 libras (69 kilogramos) de pescado por año. ¡Esto es casi media libra (227 gramos) por día!
● Nunca metas los palillos en posición vertical dentro de la vasija de arroz. Así se ofrece comida a los muertos.